Marion Jana Goeritz

Für mich war es Liebe

Bibliografische Information der Deutschen Nationalbibliothek:

Die Deutsche Nationalbibliothek verzeichnet diese Publikation in der Deutschen Nationalbibliografie; detaillierte bibliografische Daten sind im Internet über http://dnb.dnb.de abrufbar.

Coverbild: Marion Jana Goeritz

Herstellung und Verlag: BoD – Books on Demand, Norderstedt

ISBN: 978-3-8423-5362-6

Inhaltsverzeichnis

6

Für mich war es Liebe

Herzlich Willkommen liebe Leser,

in ihren Händen halten Sie ein Buch, es enthält meine Gedanken und Gefühle, die von Liebe, Schmerz, Veränderung, Vertrauen, Wut, Hoffnung, auch von Vergebung erzählen.

Einmal lesen sich die Zeilen klar und ohne Umschweife und dann wieder verhüllter.

Vielleicht braucht dieses Buch an manchen Stellen einen Leser, der sich wie ich, in der gleichen Situation befindet oder bereits befand. Seelenliebe.

Vielleicht braucht dieses Buch auch nur einen Leser.

Nach den letzten Zeilen von "27", einen Teil dieses Buches, erwachte ich am nächsten Morgen und hatte intuitiv ein Gefühl in mir, welches mich dazu führte, nur ein Buch zu veröffentlichen, aber mit mehreren Abschnitten.

Und obwohl ich meine Spiritualität lebe, ist es für mich doch ein Wunder, dass dieses Buch genau sechs Teile und 354 Gedichte insgesamt beinhaltet. Mein inneres Kind staunte.

Das nur einmal so am Rande, für die unter Ihnen, die sich mit Numerologie beschäftigen.

Nun wünsche ich Ihnen mit diesem Buch viel Freude und eine lichtvolle Zeit.

Herzlichst

Marion Jana Goeritz

Mondlicht

Herzlich Willkommen liebe Leser,

wenn der Mond sein Licht am Abend auf die Seelen wirft, erzählen sie von Melancholie, von Liebe, vom Leben. In mancher Seele wird es still und sie erinnert sich vielleicht, an ein Leben das sie so gern will.

Herzlichst

Marion Jana Goeritz

Mondlicht

Wenn die Sonne

das Meer am Abend küsst

wenn der Mond

mit vollen Schein

mich freundlich frisch begrüßt

wenn ich fühle

ich bin nicht allein

weil du bei mir bist

und du mich hältst in deinem Arm

dann weiß ich

du hast es geschafft

Die Mondgöttin
sieht heute wieder blendend aus
ihr Teint so hell und vornehm
ihre Augen so dunkel wie die Nacht
ihre Lippen eine Form
wie ich sie manchmal mach
wem sendet sie wohl diesen Gruß
wer schaut denn noch zu ihr
ich muss sie fragen
und das ganz schnell
sonst habe ich keine Ruhe mehr
Luna
Mondgöttin des Abendlandes
sag wen schmachtest du so an
es ist der Mann
der bei mir wohnt
doch ist er noch nicht zurück

Wenn ich den Mond berühre

dann schläfst du nicht

glaube mir

du hältst die Leiter

du würdest fragen

wie ist es

so weit da oben

du würdest fragen

was fühlst du

oder weißt du

glaubst du

doch du würdest warten

oder würdest du dich auch trauen

Das Leben

macht was es will

mit oder ohne dich

brichst du dich dagegen

brauchst du oft Trost

darum lass es fließen

frisch

rein und klar

erfreue dich an jedem Tag

und denk an mich

wenn du magst

ich tu das auch gern

das wollte ich dir

lang schon einmal sagen

Es gibt Tage im Leben
da ist alles glas klar
es gibt Tage im Leben
da ist immer noch alles glas klar
doch dann gibt es Tage im Leben
da ist nichts mehr klar
an diesen Tagen
schwimme ich im Ozean
tauche ab in seine Tiefen
schau dem Mond bei seinem Lauf zu
und ergründe mich selbst

Einfach zu lassen
diese Ruhe in mir
einfach nur zu lassen
kostet Mut
woher leih ich ihn mir
oder sollte ich für ihn zahlen
was wenn er mir erzählt
von meinem bisherigen Leben
alles das
was ich durch Tun verlegt habe
kann ich ihn zurückgeben
den Mut
bekomm ich mein Geld zurück
doch nützt das was
was mach ich mit dem Erkannten
das würde ich dann wissen
könnte es mich drücken

oder könnte es mir

einen anderen Weg zeigen

wenn ja

wäre es wohl besser

den Mut zu behalten

Lieber Mond

wie lebst du dein Leben

ständig kreist du um die Erde

wenn du etwas von ihr möchtest

warum kommst du ihr nicht näher

wenn sie Interesse an dir hätte

warum kommt sie dir nicht näher

du meinst

es gab schon Zeiten

in denen ihr euch nah gewesen seid

nach eurer Trennung

doch wieso kamt ihr nicht zusammen

ich verstehe

es bräche alles zusammen

die Erde käme außer Takt

und die Nächte

wären dunkler als dunkel

Kennst du noch das Lied

das wir sangen als wir jung waren

erinnerst du dich

es hatte mit unseren Seelen zu tun

heute

leben wir es

fast

Der Mondschein

mal hell und grell

und dann wieder

in ein gelbliches Licht getaucht

er scheint ähnlich zu fühlen

wie ich

mal so

mal so

manchmal

kommt es auf den Anderen an

doch ich muss noch lernen

dass das nichts mit mir zu tun hat

und ich immer gut fühle

Der Knopf

der abfiel

hatte er schwer zu tragen

hatte er keine Kraft

so helfe ich ihm

sich zu erinnern

an seine erste Zeit

als er fest

und unumwunden alles hielt

was da so kam

und er sieht mich an

und freut sich

das es die Zeit nun wieder gibt

Das Mondlicht trifft auf Wolkenband

dunkel

auch geheimnisvoll

es scheint hindurch

doch lässt dann ab

zu wenig Kraft

hat der Mond dazu

Nun sag mir Mond doch bitte

dein Licht

es scheint so hell

manchmal fragte ich schon

ob das etwas heißen soll

die ganze Nacht hindurch

so hell

in voller Pracht scheinst du

woher hast du dein Licht

und sparst du auch dabei

In einem Blick
Sehe ich die Seele
und ich sage
was sie wirklich fühlt
doch sage ich es
nur noch dem
der wirklich
etwas lernen will

Der Sand er rinnt durch ein Glas
er rinnt und rinnt und rinnt
die Zeit vergeht dabei im Fluss
und weiter sind wir doch

Ein Gefühl in mir

es lässt mich reisen

in die Welt der Nacht

es hält sich fest am Mondenschein

er reist mit mir mit

ich sehe eine Welt voll Kummer

voll Angst

doch auch ein Körnchen Mut

das hebe ich auf und sage ihm

Körnchen

das machst du gut

es lächelt mich an

und rekelt sich

es fühlt sich wohl bei mir

am liebsten

würde ich es an mich nehmen

doch fühle ich dann in mir

wie soll das Dunkel schwinden

wenn das Körnchen mit mir geht

so werde ich es wieder geben

auf sein Frühlingsbeet

Das Mondlicht scheint in das Zimmer

es scheint auf meinen Kopf

früher schmerzte mich sein Schein

heute ist es vorbei

Ich träume von einem Land

in dem man leben kann

mit allen Menschen

ich möchte ihnen freundlich begegnen

wünsche ihnen

einen Guten Tag

und wenn sie mir begegnen

das auch sie

sich freuen können

Meine Hand

auf meiner Seele

leicht gewölbt gelegt

sie sprechen leise nun miteinander

was es neues gibt

Baust du auf Sand

entschwindet dein Hab und Gut

baust auf Sumpf

versenkst du dein Hab und Gut

baust auf festen Boden

könntest du dein Hab und Gut erhalten

baust du auf deine Seele

lebst du dein Hab und Gut

die Liebe

Ich schreibe einen Brief

Ich halte meine Seele im Arm
oder
vielleicht hält auch meine Seele mich
ja ich glaube
so ist es wohl
sie tröstet mich
und lässt mich fühlen
das ich doch noch weiter muss
ich müsste dich doch kennen
wie du denkst und fühlst
warum ich mich so sträube
gegen mein Seelenheil
ich weine und fühle Angst
denn ich möchte nicht zu diesem Mann
denn er macht mir Angst

Ist das nicht ein Träumchen

alles ist perfekt

ist das nicht ein Träumchen

nichts mehr zwickt und leckt

ist das nicht ein Träumchen

alles wunderbar

was mach ich dann mit dir

es ist nicht mehr

es war

und dann

ist das nicht ein Träumchen

alles noch nicht perfekt

ist das nicht ein Träumchen

einiges zwickt und leckt

ist das nicht ein Träumchen

noch nicht ganz wunderbar

was mache ich dann mit dir

es ist immer noch

wie es war

was habe ich geträumt

was stimmt denn nicht

was habe ich geträumt

es zeigte die Zeit

was habe ich geträumt

wohin brachte es mich

ich war doch gar nicht gefallen

ich liebte doch immer noch dich

Ist es nicht fantastisch

unsere Herzen tanzen

und wir werden

die wir sind

Eine Stunde im Leben

eine Stunde

in der ich mich frage

was habe ich erreicht

bisher in meinem Leben

wen liebe ich

was tue ich gern

wer bin ich

woher kam ich

wohin möchte ich

wer ist mein Freund

wer ist mein Feind

was glaube ich

was fühle ich

was weiß ich

ja

was weiß ich

ich weiß

ich habe einen Freund

ich habe Mut

ich habe manchmal Angst

doch

ich habe auch wieder Mut

ich kam von daher

wohin ich nicht wieder möchte

ich habe Mut das zu sagen

was ich tu

tu ich gern

ich habe Mut bewiesen

ich möchte dahin

was die Guten im Himmel

für mich vorgesehen haben

damit ich hier glücklich sein darf

ich habe Mut

ich liebe einen Mann

ich habe Mut

was ich erreicht habe

ich kann mich jeden Tag

im Spiegel ansehen

und mich freut

was ich da erblicke

weil ich mich liebe

Die Abendsonne
sieht uns zu
wir lieben unsere Seele
wir haben uns
für immer

Im Himmel wartet niemand auf uns

aber sie sehen uns hier zu

auf unserem Weg

wie sie erblüht

die Liebe

aus der Seelenmitte

Ich zeige dir keine Träne

viel zu stolz

ich war unten

kriech langsam nach oben

und hoffe

ich muss dich nicht wiedersehen

Sie nicht zu fühlen

machte mir nie etwas aus

ich kannte sie nicht

bis deine Gefühlen kamen

ich war überfordert

so viel Gefühl

so tief

so schön

Angst

Angst du meinst es nicht ernst

bewahrheitete sich und jetzt

lebe ich mit Liebe ohne dich

furchtbar schlimm

Meine Tränen sind echt

mein Schmerz

ich fühle ihn heute

mein Herz es weint

meine Seele schreit

ist es das

was du willst

dann sieh es dir genau an

was fühlst du dabei

wenn eine Frau wegen dir weinen muss

Erleichterung

dass du von einem Menschen

auf dieser Welt geliebt wirst

oder lachst du

sag

was bist du für ein Mensch

fühlst du dich

sag fühlst du dich

so wie ich mich

das erste Mal in meinem Leben

Worte

sind so schnell dahin gesprochen

im Dunkeln der Nacht

Es sprach das Mondlicht

er sieht nach dir

was du fühlst

er fühlt dich

seit Jahren

doch

kannte er nicht deinen Namen

er sprach mit dir

am Abend

wenn er war allein

deine Gefühle trösteten ihn

über vieles

und als er dich kannte

waren sie nicht mehr da

doch kamen sie wieder

und gehören dir

wenn du es fühlst

doch dein Gefühl
täuscht dich nie
alles vergebens

Und sie sangen alle mit

die Menschen im kleinen Saal

sie las auf dem Monitor

vor sich die Worte

die sie kaum aussprechen konnte

doch die Musik

kenne ich

sprach ihre Seele

sing

sing

du wirst es verstehen

ihr liefen Tränen über ihr Gesicht

und sie war glücklich

Ein Fleck auf ihren Seelen

es war einmal

vor langer Zeit

Widerstand im Gefühl

Gefühl erblüht im Seelengarten

und wächst darüber

eine Blüte segelt hinunter

fällt mir vor die Füße

lässt mich fühlen

er hat mich nicht vergessen

er weint

er weint mit seiner Seele

warum sie

doch sie ist

wie sie ist

Liebe kennt keinen Grund

und dann kam er

Er war in der Hölle

er weiß wie es dort ist

der Weg nach oben

schwer für ihn

doch Halt hat er keinen

seine Musik

in der Nacht in einer Bar

spielt er seine Noten

und beachtet man ihn

er weiß es nicht

er sucht sie

jeden Abend neu

er nimmt sie mit

vielleicht bietet sie ihm ein Bett

Tage später

es ist nichts für ihn

er braucht Freiheit

so glaubt er

und geht seinen eigenen Weg

bis er ihr begegnet

Gefühle außer Kontrolle

doch sie halten ihn

in der Waage

und sie

sie weint

sie gehört einem anderen

Was wäre wenn es ihn nicht gäbe

ich könnte glauben

du wärst nicht mehr der

der jetzt zu mir käme

Ich glaube

an den Tag der kommen mag

an eine gute Kraft

die uns ihre Energie schenkt

die uns blicken lässt

im Vertrauen

in eine Zukunft

voller Liebe

Hoffnungsschimmer wächst
er tanzt auf deinem Gesicht
und lässt deine Augen funkeln
Vertrauen im Blick
für dein Leben
für ein Leben in Glück

Manchmal glauben wir
alles ist bereits erreicht
doch dann machen wir eine
wundervolle Entdeckung
vielleicht einfach nur
weil ein neuer Mensch
in unser Leben gekommen ist
der uns mag
und uns besser kennt
als wir das tun

Lachend in den Tag
ist oft sehr leicht
durch die Nacht
manchmal viel schwerer
doch wenn du dein Herz fragst
es wird dir erzählen
von einer Liebe

Einmal schriebst du

du kannst

wenn ich will

was meintest du damit

das du auch lachen kannst

mit dem Finger schnipsen

das du barfuss durch das Gras gehst

das du singst

auch wenn es brummig klingt

und das du mich liebst

und das du das

mit mir alles tun könntest

wenn ich nun wollen würde

was wäre dann

Hörst du das auch

leise

stumm

Was nicht passte

hat er passend gemacht

was weh tat

schmiss er weg

was ihm zu viel war

verschenkte er

was er wollte

nahm er sich

wer ihn fragte

traf ihn selten an

was er wollte

er wusste es nicht

er wusste nur

so geht es nicht mehr

und kehrte um

Noch ein paar Schritte

bis zum gefühlten Himmel

die Engel sie singen

ein schönes Lied im Chor

ich sehe seine Augen

doch sie kommen kalt mir vor

es friert mein Herz

was hat man ihm nur angetan

Schreibe deine Musik

in den Wind

er fegt sie in die Welt

und alle Menschen

summen sie

wie ein Erdenlied

und wie schön das klingt

Mit fünfzehn

das erste Mal verliebt

und mit fünfzig die erste Liebe erlebt

Gefühle nur allein

das tut weh

Kennst du die Liebesfilme

wo er ihr auf der Bühne

beim Singen zu schaut

meine Seele träumte von so einem Mann

der lächelnd zu ihr kam

sie liebevoll umarmt

und für immer bleiben würde

Manchmal

spricht der Mond mit mir

er erzählt von ihm

der so weit in der Ferne

und lässt mich fühlen

er ist nichts für dich

und dann glaube ich ihm

Ein Licht auf meinem Gesicht
bemerkte ich doch das Mondlicht nicht
zu schwer meine Seele heute nacht
doch es da gibt es noch ihn

Der Glaube in einer Sache

kann auch zum Erfolg führen

doch aber nur dann

wenn man es auch fühlt

was fühle ich

Angst

das es nicht richtig wäre

aufzugeben

nicht richtig wäre

zu gehen

Verloren glaubte ich mich

am Anfang

es war Chaos pur

was habe ich verbrochen

waren meine Gedanken

doch ich vergab

und heute

fühle ich mich

Habe mich gefunden

durch dein Gefühl

es erinnerte mich

an meine Zeit

als ich noch wusste

wer ich war

ich lebte in mir

und war außer mir

ich war stark

und jetzt habe ich fast alles wieder

ich danke dir

du Mann

weit in der Ferne

Mutig sing ich mein Lied
ich stampfe auf dem Boden
es macht mir Spaß
die Leute lachen mit mir
hey ich sing mein Lied

Mein Herz ist im Takt

meine Seele im warmen Mantel

ich bin gewachsen

durch zwei Winter

und nun schau ich

ob ich noch irgendwo Platz finde

ich glaube schon

Am Lagerfeuer ein Lied

meine Seele wippt leise mit

es erzählt von Liebe

Liebe von einem Mann

welcher eine Frau liebt

die er gar nicht kennt

und er weiß nicht

was er tun kann

um sie zu vergessen

er weint und streikt

doch es ist wie es ist

die Liebe wohnt in ihm

er hat es so gewünscht

nun hat er es in seiner Hand

was mit ihr geschieht

und mit ihm

bete mein Kind

Habe die Straßen

der Einsamkeit verlassen

im Leben mitten drin

und lebe eine Liebe ohne Leiden

Auf den weiten Wegen des Lebens

spielen mit den Möglichkeiten

die sich uns bieten

und leben

mit Liebe und Lust

mit einem Gebet am Abend

als Dank für unsere Leidenschaft

die sich wandelte

in ein großes Fass Leichtigkeit

Als ich dich das erste Mal fühlte

erinnerte meine Seele sich nicht

du warst ein anderer

doch sie liebt dich

und ich weiß es nicht

Nachts

bei Vollmond

der sich mit einem hellen Licht

erblicken lässt

fürchte ich mich nicht

denn dein Blick

liegt auf mir

seit Zeiten schon

doch heute anders

friedvoller

Danke

Lange Wege

sie lassen uns Zeit

zu erkennen

wer wir sind

was wir möchten

lassen uns lernen

und annehmen

den einen

und den anderen

wie sie sind

Nie im Leben hätte ich geglaubt

das ich das mal schreib

auf nichts hatte ich so gewartet

wie auf das

was du mir geschenkt

ich weiß nicht

wie ihr das danken kann

mit einem Lächeln

wenn das genügt

Wellentanz

Herzlich Willkommen liebe Leser,

Wellen tanzen über das Meer, sie tanzen hin, sie tanzen her.

Mit Kraft rollen sie an und raunen der Seele ein Lied.

Sie hört es leise und auch still, vernimmt es mit einem Lächeln und weiß, die Wellen bringen ihr, Gefühle über das Seelenmeer.

Herzlichst

Marion Jana Goeritz

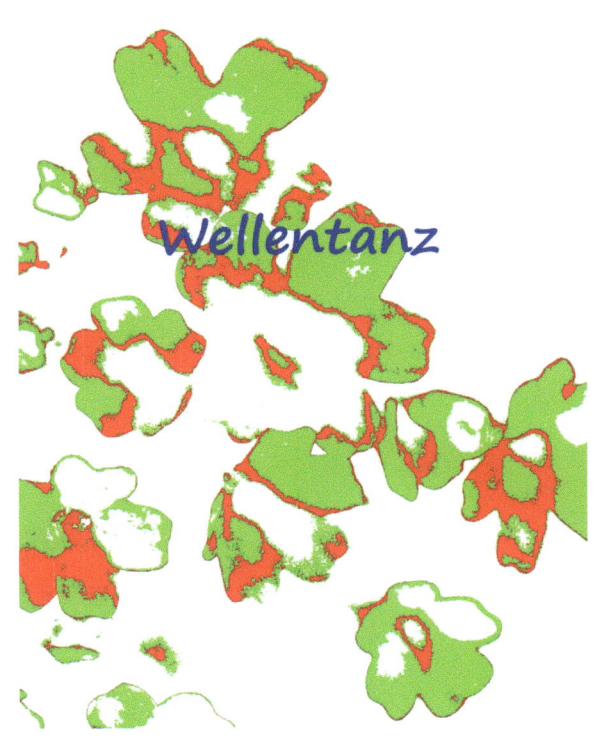

Wellentanz

Fahrende See
aufbrausend schnell
bringt die Kraft zu mir
zu meiner Seele
und ergießt sich in ihr

Die brechenden Wellen

in der Seele

hören dein Lied

sie spielen eine Melodie

und wir beide kennen sie

Ozean weit

Wellen hoch

Widerstände schwimmen dahin

im Meer der Unendlichkeit

finden nie mehr zurück zu mir

Die Morgensonne

sie kommt zurück

auch wenn es heute nicht so ausschaut

lach durch den Tag

sie kommt

und du wirst sie sehen

Keiner wird dir mehr weh tun

niemand wird es je wieder können

du hast es geschafft

mein Freund

Lange Wellen laufen aus

bis zum Ufer

Geröll kommt an

aber so ist das

schau es dir an

mein Freund

und

genau

nichts zu gebrauchen

komm

lass uns gehen

Deine Schritte

immer meinen einen voraus

oder

nein

ich halte mit

mit deinem Schritt

mal sehen

doch

ich glaube schon

oder

Wellen hoch

über der See

fallen zusammen

rollen aus

wie wir unser Leben

zu spät

niemals

Punkte auf dem Meer

berühren den Horizont

und ziehen eine Linie

von dir zu mir

von mir zu dir

wir werden uns nie verlieren

Schreibe auf Wasser

kannst du es lesen

schreibe auf Sand

nichts ist gewesen

lache mit dir

durch die Welt

na du Freiheitsmensch

nie mehr

Wenn Wasser

Musik ist

und Sand

sind Worte

wenn du

mit mir bist

dann ist nichts zu viel

Die Tropfen im Ozean

wer hat sie geweint

ich glaube

wir zwei

doch jetzt ist unsere Zeit

lass uns endlich mutig sein

Das Wasser

bewegt Schiffe

deine Seele

bewegt mich

und dabei liebt sie mich nicht

aber ich dich wie verrückt

auch wenn du anders bist

ich liebe dich

und ich wünsche dir Glück

Meeresrauschen

in der Seele

Muscheln öffnen sich

Perlenstück wird gespielt

durch dich

Ozeanriesen fahren weit

können erzählen

von der Zeit

von Menschen

die sind

wie du und ich

erzählen

von Ländern

und anderen Bräuchen

und du hältst mich

wo wir schon überall waren

Unsere Reise

hat begonnen

auf dem großem Meer

manchmal

sehe ich dich nicht mehr

wie verschlungen von der Zeit

doch du bist da

und du wirst kommen

wenn deine Zeit gekommen ist

um der Veränderung

deine Hand zu reichen

mit einem ehrlichen Hallo

Zeitenuhr
auf dem Meer
alles gleich

Schwimmen

im Meer der Sinne

bei Tag

auch bei Nacht

und die kleinen brennenden Kerzen

erhellen unsere Gesichter

Rosenblüten fallen leise

hinab zur See

rot

gelb

rosa

und wir sehen zu

wie altes vergeht

neues entsteht

Du wirst Wasser sein

du wirst Leben

so wie du glücklich bist

und es wird friedvoller werden

auf Erden

Wellentanz
auf dem Meer
es rauscht die Brandung
und erzählt so viel
vor dir

Deine Worte

fließen hinaus

in die Welt

und halten sich bei den Menschen fest

die sie verstehen

.

Ich träume vor mich hin

durch meine Augen sehe ich so viel

ein Lied mit dir

gemeinsam

ein Stück des Weges

und kein zurück

Zerbrochene Träume

können leben

für alles gibt es eine Zeit

Ein Meer
ein Flügel
ein Mann
und ich

Der Wind weht über das weite Meer

bringt die Meereswellen hoch

so wie du mich

und ich dich

Der Himmel

schwimmt im Meer

er erzählt

von Engeln

auch von Liebe

ich höre das doch so gerne

Auf dem Grund des Meeres

leben Steine

alt wie die Welt

doch auf dem Grund meines Herzens

wohnt die Liebe

die auf dich nur zählt

Sand und Wellen

spielen sich an Land

ehrlich und lieb

wild und frei

doch nicht wir zwei

wir haben gefunden

was uns fehlte

und leben beide

unser Leben

mit dem Gedanken

wir wird es wohl

dem anderen gehen

Ozean tief

meine Seelenwelt

dunkle Schatten

verblassten in der Sonne

Am Morgen geweckt

mit einem Lächeln

Hände suchen mich

glücklich bin ich

am morgen geweckt

mit einem Lächeln

Hände suchen dich

glücklich sind wir

Schreibe deine Träume auf
und beginne sie zu leben
schreibe deine Liebste an
und vertraue ihr

Wasserklang

Gitarrenmusik

Lagerfeuer

das ist was

Erinnerungen werden wach

an eine Traumzeit

die noch immer kommen kann

Ein Brief für mich
Seelenbewegungen
werden laut

Sandspiele

Wasserburg

weiter Blick

führt mich in die Ferne

da war ich doch schon mal

doch heut ist es anders

Ein Gebet

für unsere Seelen

für unser Leben

für unsere Liebe

Amen

Schreibe auf die Gefühle

die mich reißen

aus der Schiene meines Lebens

die mir erzählen

von einem Mann

von weit her

allein

aber unter vielen Menschen

braucht Schutz

Sandkörner rinnen durch meine Hand

Wasser umspielt den Körper

Gedanken rasen durch die Zeit

Gefühle sind bei dir

Lachende Gesichter im Sand

schauen auf das Meer

sehen den Wellen zu beim Tanz

und erzählen sich viel

Wir sind gleich

wir verdienen uns nicht

Liebe spät
besser als nie

Versuch macht klug

aber nicht wir

es würde nicht funktionieren

du weißt es auch

nur ich nicht immer

Was macht Frau mit fünfzig

sie sucht sich einen jungen Mann

am besten einen mit Seele

und wenn sie ihr Leben brav verbracht

dann hat er auch noch keine

Alles fremd

alles Gewohnheit

Nie mehr allein durch die Welt

nie mehr am Morgen allein erwachen

nie mehr allein

am Abend in den Schlaf sinken

nie mehr allein und ohne dich

das ist auch Liebe

Weites Land

aufgehende Sonne

rot wie die Glut des Feuers

schiebt sich nach oben

und zieht ihre Runde durch den Tag

der so klar und hell

in deinen Augen mir begegnet

was du alles weißt

Die Männer mit Schlachterhemd

und Dreitage Bart

sie schwitzen heute nicht mehr

sie posten

einer für dich dabei

Barfuss durch die Welt des Wassers

treten

treten

treten

für die Gesundheit

nicht was ein Mancher denken könnte

Himmelsleiter

sie führt zum Mond hinauf

doch entspringt sie dem Meer

ich schwimme hinaus

und hole sie ein

habe ihn zurück geschnipst

130

Die Ziehharmonika

wimmert durch die Nacht

sie singt von ihm

von seinem Glück

das erst an einem Faden hing

doch er mutig war

und einfach in sein Leben ging

die Musik höre ich schon

die ganze Nacht hindurch

und fühle ihn als Freund

Lass uns doch mal singen

ich kann es auch bloß nicht

aber ich tu es trotzdem gern

verkehrt

zu hoch

zu tief

treffe keinen Ton

doch was macht das schon

Für dich

meine Seele erzählte wohl sehr viel

ich war eher ruhig

doch schwieg ich nie

erzählte dir mein Gefühl

schrieb es sogar auf

lies dich ruhig ziehen

und brauste dann doch auf

bist eben ein clever Jung

warst eher ruhig

dich gab es gar nicht

doch frage ich mich nun

wer erzählte mir dann den ganzen Mist

mal ehrlich

es war nicht immer schön

bis auf den Anfang

hatte ich dich verdient

Krachende Wellen

brechen sich

die Kraft entlädt sich fürchterlich

in Ufernähe

treibe ich

doch habe es überlebt

Freiheitsgedanke Meer

ozeanweit

Horizont

berührt deine Welt

nun doch

Gebrochenes Herz
erzählt von einer Welt
die mir nicht fremd
halte es fest in meinen Händen
es fließt Liebe durch ein Leben
und wenn es dieser Mensch erkennt
kann er damit leben

Angst vor dem Gefühl

ankommen

durchgehen

los lassen

weißt du noch

Ich schreibe dir auf Sand
damit du mir nicht mehr sagen kannst
was ich alles weiß

Holt die Wellen ein

springt in die Fluten

lasst euch auch mal treiben

ihr gehört zu den Guten

ihr werdet beschützt

von denen da oben

so wie wir

Allein durch die Nacht

das war einmal

an deiner Hand

ein Mensch

diesen du liebst und der dich mag

er lacht mit dir über deine Späße

er zeigt dir die Hafenkante

schlägst du über die Stränge

doch er hält dich auch

bist du dir sicher

dann wird das auch

ohne mich

ach doch lieber nicht

Heute

wird ein schöner Tag

ich schreibe bestimmt sehr viel

du erzählst von dir

ich schreibe alles auf

und wenn du dich erinnern kannst

dann guckst gleich ganz doof

kannst du das

Traumbuch

Herzlich Willkommen liebe Leser,

man sagt, "Träume sind Schäume".

Glauben Sie das auch?

Könnten Träume nicht auch "Seelenretter" sein?

Glauben Sie, dass man Träume leben kann?

Vielleicht zählen Sie ja zu den Glücklichen und leben Ihren Traum schon?

Fühlen Sie es, und schon lacht mein Herz.

Herzlichst

Marion Jana Goeritz

142

Möchte so leben

wie meine Seele es mich träumen lässt

in Liebe und Leidenschaft

So gern würde ich dich sehen

um zu erzählen von dir

Habe die Seele berührt

doch keinen Mann

hast meine Gefühle geschürt

was hast du getan

Er holt die Sterne vom Himmel

nur für mich

ich liebe ihn

so unbeschreiblich tief

Er lässt mich nicht immer sein
wie ich bin
manchmal
stellt er sich dagegen
denn ich gehöre zu ihm

Wenn sein Herz lacht
weint meine Seele
wenn mein Herz lacht
dann fühle ich ihn bei mir

Wenn er

nur für seine Arbeit leben würde

was wäre dann mit mir

ich wollte es wäre anders

er wäre glücklich mit mir

das wünschte ich mir sehr

Meine Seele hast du berührt

doch lag ich wach

ich habe dich gefühlt

in dieser Nacht

dann

haben wir es auch am Tag gemacht

doch haben wir es geschafft

Du legst mir deine Träume
in mein liebend Herz
ich brauch dies gar nicht tun
du fühlst die meinen längst

Wenn deine schönsten Gefühle

mich immer zu ertränken

dann

möchte ich nicht schwimmen können

ich möchte nur genießen

Ein Mann

eine Liebe

ein Glück

Und so geschah an einem Tag

ein wunderbarer Traum

die Wirklichkeit nicht anders war

doch glaubte ich es kaum

Dein Gang fasziniert mich
doch fühlst du wirklich
was ich brauch

Mit deinen starken Händen

streichst du mir über mein Haar

das darf nie enden

weil sonst mein Herz so traurig wäre

Siehst du

was ich sehen kann

fühlst du

was ich fühlen kann

spürst du mich

so wie ich dich nur halten kann

So gern höre ich dich sprechen

dabei bin ich dir so nah

ich lese von deinen Lippen ab

doch meist versteh ich kein Wort

Sprichst du

so bist du still

schreibst du

weil ich etwas sagen will

Im du

das ich erkennen

im du

das ich benennen

im du

das fühlen was ist

ich habe davor schiss

doch ich muss es wissen

für das ich

du auch

Schrieb meine Gefühle oft in den Wind

habe nachts geweint wie ein Kind

doch habe Angst vorwärts zu gehen

denn immer noch nicht

kann ich die Liebe sehen

doch das ist Lüge

ich sehe sie schon

doch fühlen geht nicht

woran liegt es wohl

träume ich mich in mein Paradies

spielst du mal mit

und auch mal nicht

doch als das Spiel mit dir

für mich wurde Ernst

da wachte ich auf

so schön wäre das

Ich würde meinen

immer du

das wäre für mich

einmal zu viel

doch so ist es nicht

Ich schrie mich an

ich kritisierte mich

ich weinte sogar bitterlich

ich wehrte mich

ich lies es geschehen

so konnte ich die Liebe sehen

164

Meine Seele liebt mich
sie bringt mich zurück
in mein Leben

Meine Seele hält fest

sie schenkt auch viel

sie lässt sich lieben

und betet viel

sie ist bei mir

auch bei ihm

sie redet viel

auch von ihr

von seiner Seele

hör ich nicht viel

ich trau mich nicht

zu sagen

so denke ich

nur für mich

warum kann er mich denn nicht fragen

Meine Liebe die geht so

ich liebe dich

auch wenn ich sterbe

doch weh tun

lass ich mir nicht

ich liebe dich

weil ich reich dann werde

doch mit Geld

hat das nichts zu tun

ich liebe dich

auch mal in der Ferne

doch du musst auch bei mir sein

ich liebe dich

nicht so wie du bist

denn das kann niemand

wollen wir mal ehrlich sein

doch liebst du dich

dann ist das wichtig

doch bedenke deinen Preis

Liebe kann dir so viel schenken

ich hör schon

das du sagst

ich weiß

Ich wünschte

du wärst hier

ich wünschte

du wärst bei mir

ich wünschte mir

dich zum Freund

ich wünschte mir

mit dir zu Lachen

ich wünschte

du könntest es auch so sagen

Meine Welt ist klein
jedoch mein Herz so groß
doch ich lass nur einen ein
er tobt sich mit mir dort aus

170

Du darfst mögen

du darfst lachen

du darfst weinen

darfst auch machen

du musst reden über alles

du darfst tun

du darfst auch necken

du darfst ruhen

darfst dich auch strecken

du darfst singen

darfst auch schlafen

doch nur mit mir

dass das mal klar ist

du darfst meinen

und auch kundtun

du darfst raten

die Stirn auch runzeln

du darfst auch gehen

nicht wohin du willst

du darfst spielen

nur mit der Musik

du darfst schauen

nur nach mir

du darfst zaudern

nicht lang bei mir

du darfst streicheln

nur meine Haut

du darfst glauben

was ich mich trau

du darfst lieben

nur noch mich

du darfst erfühlen

nicht nur die Frau in mir

du darfst erzählen

auch von mir

du darfst teilen

nur nicht dich

du darfst teilen

nur nicht mich

du darfst Seele bei mir leben

du darfst dich schenken

nur an mich

du darfst mir vertrauen

ganz fürchterlich

du darfst frei sein

nur mit mir

ich weiß

das liest sich anders hier

doch mein Gefühl es spricht mit mir

Freiheit ist nicht Liebe

wenn du mich wirklich

so lieben kannst

dann hätte

die Liebe eine Chance

Ich weiß du kannst nicht
ich weiß es ist anders
ich weiß du brauchtest mich
doch ich weiß auch
ganz anders

Mein Wissen

möchte nicht träumen

doch es wird

es wohl tun

ich werde nichts versäumen

du wirst immer in mir ruhen

wirst mich begleiten

ohne

das ich es will

wirst mich ruhig leiten

und vielleicht

danke ich einmal still

Wenn Dankbarkeit

Tränen sind

dann dankte ich viel

wenn Dankbarkeit

auch fühlen ist

dann fühlte ich so viel

wenn Dankbarkeit

wissen ist

dann weiß ich noch nicht viel

Ich träumte
du liebst mich

Morgens schaute mein Gesicht

in den Spiegel

ich schaute anders aus

kämmte mein Haar

und sah dich

und schaute weg

sah wieder hin

doch

ich sah dich

Meine geheimen Träume

sie sprechen mit deiner Seele

und ich komm mir so blöd vor

könnte ich es ändern

wenn ich mich dir offenbarte

nein

eine liebestolle Frau

schreibt auch keinem Mann

was würden wohl

die jungen Dinger dazu meinen

Könnte ich einem Land leben

wo wäre das wohl

ich sag es nicht

ich trau mich nicht

obwohl

Berge und Wiesen

liegen auch in Deutschland

Was suchte ich in dir
mein Leben

Würdest du irgendwann fragen

also heute

ich weiß nicht was ich sagen würde

vielleicht

hallo schön von dir zu hören

denken würde ich vielleicht

Gott sei Dank

und fühlen

fühlen würde ich bestimmt

ich liebe dich

Manche Träume

so sagten schon Leute

gehen in Erfüllung

hoffentlich

hat er auch schon mal davon gehört

Ein Liebesnest im Baum

liegt in einer Eiche

sie ist ja schon so alt

und hält uns beide aus

und

wenn es in ihrer Krone rappelt

da fällt nichts kleines raus

Der Sandmann ist Klasse
danach geht es ins Bett

Ich träumte von keinen Prinzen

auch von keinem Frosch

ich träumte von einem Mann

der mich lieben kann

der sich mir öffnet mit Seele und so

der mich liebt

mit wann und wo

doch dann kam keiner

der mich vermisste

und ich weinte in meiner Kiste

ich schluchzte manche Nacht hindurch

doch schnell verging dann meine Wut

weil sie mir ja auch nichts gutes tut

Gefühle kamen bei mir an

doch weiß ich nicht

von einem Mann

er schrieb mir nicht

187

so blieb mir wieder nur zu weinen
doch dann erfühlte ich mich doch
und machte einfach Schluss
ich lebte immer mehr in mir
es war nur Kampf und Muss
dabei sehnte ich mich immer mehr
nur nach der einen Liebe
sie fühlte ich in manchen Nächten
doch er ist immer noch nicht da

Du fliegst deinen Drachen
Wünsche werden wahr
sie fliegen hoch am Himmel
nichts ist mehr
wie es war

Du Traumbuch

Ich will erst sehen

wie du wirklich bist

ob du hältst

was du versprichst

Vier Hände berühren

zwei Herzen entflammen

vier Augen spüren

zwei Seelen empfangen

Wunderschöne Träume
fallen nicht vom Himmel
sie begegnen mir

Fühlendes Lachen

in einem Gesicht

er lachte schon

Ist Müssen

die Schwester vom Willen

dann entscheide ich mich fürs Fühlen

Ich fühle dich nicht

nicht heute

ich fühle

du bist nicht da

ich fühle

du wärst nicht der Richtige

ich fühle

er ist schon lange da

er

hielt mich in seinen Händen

bei Tag

und auch bei Nacht

mit ihm kann ich immer

über alles reden

das hätten wir doch nie gemacht

Liebe Liebe,

sagst du mir

wo du wohnst

sagst du mir

ob du gern auf Reisen gehst

dann

wärst du nicht mein Fall

Heute

gebe ich meinen Gefühlen ein zu Haus

meine Gedanken schreibe ich auf

meine Ängste

meine Wut

meinen Ärger

wie gut das tut

doch hoffe ich so sehr

das ich mich finde

immer mehr

Komm

mach doch mal ein Gaudi mit mir

lass uns lachen

bis mein Herz gewinnt

Als ich dich suchte

schrieb ich dir schon

du bekommst deinen Liebeslohn

wenn du mich liebst

auch mit Fülle

wenn du sprengst meine Hülle

durch Lachen

und durch deinen Humor

ich kam mir gar nicht dumm dabei vor

ehrlich und treu solltest du sein

dann lass ich mich

auch auf dich ein

Brennstoff Liebe

kostet nichts

Der Käpt'n meines Herzens
kommt in meinem Hafen
und bleibt

Wenn du kochst

dann brennt es

das kenne ich von mir

Im Liebesland
da gibt es zwei
die leben da schon lang
doch wussten sie noch gar nicht
dass das auch bleiben kann

Der Arzt meiner Seele

das bist du

Ich höre deine Gedanken
lieber nicht

Bunte Träume

sind

bunte Träume

doch

bunte Träume mit dir

ist unser Leben

Meinen Freiheitsgedanken

finde ich nicht mehr

ich liebe

Du vertrittst deine Meinung

ich vertrete meine Meinung

das ist auch Liebe

aber nicht die

die ich meine

meine Liebe

besteht auch aus Kompromissen

und dazu braucht es

einen ähnlich fühlenden Menschen

und wenn du meinst

dass das keine Liebe ist

dann liebe ich eben nicht

Ich fliege nicht
ich liebe

Liebevoll im Garten der Gelüste

fliegen zwei Herzen einander zu

doch werden sie auch so fühlen

wenn sie sich gegenüber stehen

Miteinander

Füreinander

Nebeneinander

Übereinander

Fallschirm

Herzlich Willkommen liebe Leser,

Worte als Fallschirme.

Für mich persönlich, waren schon einige Worte, Fallschirme.

Sie haben mich überlegen, umdenken, auch handeln lassen.

Ein Mensch, der der sich angesprochen fühlt, durch das eine oder andere Wort, und seine Seele öffnet, wer weiß, vielleicht wird dieser Mensch auch „errettet".

Nicht durch das Wort, allein durch sein Seelengefühl.

Ein schöner Gedanke, wie ich finde.

Herzlichst
Marion Jana Goeritz

Fallschirm

Manche Träume zerfallen
andere entstehen neu
auf ihre ganz eigene Weise
sie füllen das Leben mit Farbe
hinterlassen bunte Spuren
auch für andere sichtbar
Lebendigkeit im Fluss des Lebens

Meine eigene Art

erkennt mich nicht mehr

sie streitet mit mir

doch ich gehe

ja ich gehe einfach los

habe Liebe im Gefühl

immer mehr

immer mehr

meine eigene Art

ist eine andere

sie ist jetzt Liebe

Die See singt ihr Lied

es klingt in mir

wie eine Stimme

die ich einst in mir vernahm

manchmal

im Heute erzählt sie noch

und dann

ist ein Lächeln auf meinem Gesicht

Anfangserinnerungen

Bleiben wo man ist

manchmal sehr schwer

gehen ins Leben

manchmal sehr schwer

doch wenn die Seele nah ist

weiß man

man kann es schaffen

einen Ort zu verlassen

einen Menschen

ein Gefühl

das einen nicht mehr lächeln lässt

die Liebe ist da

Sonnendurchflutete Seele
lacht in ihren Augen
blitzt die Hoffnung hell auf
sie lebt schon die Veränderung
sie singt neue schöne Lieder
doch nicht allein

220

Große Augen

blicken in die Zukunft

sehen das Grün

alles gut

Missverständnisse

fliegen durch die Zeit

finden sie ein zu Haus

warum

warum sie

nicht ich

überlegen tut gut

Eiszapfen glitzerten
milde Temperaturen
du ganz nah neben mir
mir war kalt
doch ich fand die Liebe
in mir wieder

Die raue See

sie schaukelt ihre Wellen an Land

oben am Fels stehe ich

schau ihnen zu

sehe klar und habe Mut

mein Seelengesicht

in den Wellen zu fühlen

sie spiegeln mir eine Welt mit dir

mein Glauben daran

verlor ich mit der Zeit

Liebesstrom

in den Gefühlen

leitet Glück durch die Adern

es durchströmt die Hülle

die Seele badet in roten Blüten

sie glänzt durch meine Haut

doch ist sie stumm

nichts ist vertraut

Alles ist auf Anfang

jeden Tag neu

ich schwebe vom Heute ins Morgen

lebe immer mehr

sehe die Welt

mit anderen Augen

du bist schuld

Die Zukunft
hat sie dir auch schon einmal
ein Märchen erzählt
hattest du es aufgeschrieben
erzähltest du anderen davon
fragtest du dich
warum sie es gerade dir erzählte

Weit von mir

Dinge

denen ich einmal

sehr viel Bedeutung schenkte

weit von mir

Menschen

die ich

mein Herz fühlen lies

heute denke ich manchmal zurück

und frage mich

wie konnte ich

doch weiß ich auch

nicht ich lag am Boden

So verliebt

in sich selbst

so anders

als andere

und doch so klein

weil ohne Wert

Gesichter

spiegeln Mienen

Vertrauen verstummt

Mut gekauft

für ein anderes Leben

im Jetzt

Emotionaler Ausnahmezustand

reist zu einem Menschen

er hat nie verstanden

er hat gefühlt

nicht hell

nur die Schatten

sie schützten ihn wohl

vor zu viel Gefühl

Verrückte Welt in mir

bunte Farben

spielen ihr Spiel

windig in meiner Seele

Farben verlaufen

im warmen Sommerregen

Murmeln

spielen verstecken

eine davon warst du

erinnerst du dich

in den Gassen der Stadt

saßest du oft allein

in einem Straßencafé

und sie

sie saß allein zu Haus

mit einem Gefühl für dich

eines Tages

kam eine dritte Murmel

und plötzlich

war alles anders

für sie

für dich

Seeseite

Wellen schwimmen

auf hoher See

lassen Schiffe tanzen

so wie du

einst mich

Leben

mit einem Gefühl

dort zu sein

wo man hingehört

muss das schön sein

glaube ich

Glockenklang

Stille

Falsches Spiel

wird zu Grabe getragen

niemand verliert ein Wort

ich habe mir das anders gewünscht

doch ich habe es akzeptiert

und steige aus

aus dem Spiel

Liebesland

lässt erahnen

Liebe braucht Raum

vier Quadratmeter

und viel Gesprächsstoff

heute

auch morgen

übermorgen

und über übermorgen

und auch noch später

immer

Wach unterwegs

Liebe im Visier

Zielgerade

peng

Unbekümmert

wortlos

verstehend einander

und doch

reiben sich Gedanken

bis sie zu Staub zerfallen

Sternenstaub

Glitzerseelen

berührten ihre Herzen

nicht viel blieb wie es war

Für dich

schreibe ich meine Träume

nicht in den Wind

es wird jemand da sein

der mutig ist

sie mit mir gemeinsam zu leben

jemand
der fühlt wie ich

Träume ich von dir

träume ich von meinem Leben

Dein schönstes Lied

spieltest du immer nur für mich

Musik

sehnsuchtsvoll

Könnte ich dich biegen
würde ich es tun
auch wenn es nur für ein Leben wäre
ich würde

Meine Gefühle änderten sich

als ich mutig war

und dir schrieb

ich liebe dich

du hattest es nicht verdient

und ich hatte gelernt

Wenn sie springt

würdest du sie auffangen

ihre Hand halten

in guten

auch in schlechten Zeiten

ihr liebevoll zur Seite stehen

und sie fühlen lassen

das sie es ist

die du von ganzen Herzen liebst

Nichts ist zu weit

wenn es Liebe ist

nichts ist zu schwer

wenn es Liebe ist

macht es Angst

ist es Liebe

oder

Es ist so groß

doch nicht zu viel

es ist so tief

doch nicht zu dunkel

es ist so unendlich

doch so schön

hab ich die Liebe gesehen

Lass uns

die Sterne vom Himmel pflücken

so leuchten wir Tag und Nacht

und die Wolkendecke

ist uns piep egal

Hand in Hand
durch die Zeit
Blicke suchen sich
immer wieder
still
behutsam
unsere Seelen singen
haltet euch fest
gebt euch nicht verloren

Klänge der Stille

manchmal

fühle ich mich so verloren

kein Brief

kein Wort

keine Antwort

kein „wie geht es dir"

so gern hätte ich mehr von dir gewusst

was möchtest du mich lehren

Traurigkeit

du warst bisher ein guter Lehrmeister

doch entscheide ich mich hier und jetzt

für eine andere Schule

Gemütslage
im grünen Bereich
wurde ja auch mal Zeit
endlich
Leichtigkeit

Die Straßen der Stadt

manchmal so kalt

neongrelles Licht

flackert in die Seelen

unsere Blicke wärmen uns auf

unsere Umarmungen

machen uns süchtig

Bist du mein Freund

schreibst du mir ein paar Zeilen

auch wenn es dir nicht gut geht

ich versuch dir zu helfen

und steh dir bei

wenn du magst

und ich meine es

wie ich es sage

ich versuch dir zu helfen

in jeder Lage

doch musst du den ersten Schritt tun

Alle Lichter

brennen diese Nacht hell

Spuren

bleiben bis zum Morgen

und verbrennen Angst

Laute Sonne

brennt die dunklen Tage nieder

Sternenlichter

wärmen die kalten Nächte auf

Worte

die schweigen auf Papier

lassen fühlen

was noch kommen könnte

und plötzlich

lese ich so viel

an den warmen hellen Tagen

die durch die Nächte ziehen

Vielleicht

schweigen wir irgendwann

die Stille zwischen uns

füllt keine Leere

unsere Liebe

wir tragen sie auch im Herzen

Wege der Veränderung

aufregend

anders

auf die große Straße

führen uns unsere Seelen

und wir folgen ihnen

im schnellen Takt

Lichteffekte flackern bunte Wände hell

im jetzt ist alles da

was wir gerade brauchen

„Ist das so, ja"

Sie würde so gern wissen

ob du manchmal an sie denkst

es macht sie verrückt

nicht zu wissen

wie es dir geht

sie fragt sich oft

wer dich nachts berührt

und sie fragt sich

ob es dir auch so geht

Ihr Haar ist länger

ihre Stimme weicher

ihre Blicke manchmal traurig

ihre Gedanken kreisen um ihn

und ihre Gefühle weinen

er scheint sie nicht zu verstehen

Ist es kalt

denkt sie sich zu ihm

schaut liegend aus dem Fenster

in die Nacht

zählt die Sterne

und wünscht sich ihn an ihre Seite

für diese Nacht

auch für ein Leben

doch sie glaubt

er möchte nicht

ein Leben mit ihr

keine gemeinsame Wohnung

nur ein Bett

das ist ihr zu viel

das ist ihr zu wenig

sie möchte mehr

Sie schlägt ihre Stirn
auf das blaue Kissen
dabei möchte sie dich nicht vermissen
doch fühlt sie es so
eins zwei drei vier Tränen fließen
aus ihrer Seele in ihr Kissen
warum muss ihr das gerade passieren
dass das grüne Kissen verschwand
wie von Zauberhand

Auf dem Dach dieser Welt

werden wir ganz klein

Gefühle groß

demütig schauen wir

schweigend halten wir uns

an den Händen

Herzen erzählen leise

von Erinnerung

Zukunft ist erkannt

wir springen in sie hinein

mit einem Lächeln im Gesicht

glücklich

Berge hoch

so weit wie die Augen sahen

doch

wir schafften es

Ich glaube

du interessierst dich nicht

nicht einmal

für deine Seele

wie möchtest du dann glücklich leben

Dein Blick auf meine Seele

doch was heißt das schon

Gefühlsraub

so kannst du es nicht schaffen

warum sperrst du deine Gefühle ein

lass sie frei

sie fliegen dich hoch

Tagträume
füllen Leben
doch was ist
wenn man aufwacht

Mein Herz war so schwer
weil du darin wohntest
du bist umgezogen
wusstest du das schon

Sprung ins Leben

das erste Mal

vergessen

doch nicht die Seele

sie erinnert sich

Lebenslang

Ich biege mich nicht mehr

ich biege dich

und du bist

Spring in die Welt
spring mit Gefühl
spring mit Weitsicht
doch bleib da
wo es dir gefällt
da wo du die Liebe fühlst

Straßen regennass
Musik erklingt
wir tanzen durch den Regen
lassen unsere Herzen leben
erkennen den Augenblick
den es braucht
um zu fühlen

Haltestelle Leben

manchmal fragt sie sich

wer hat mich hier her gebracht

doch dann denkt sie wieder

alles gut

Gefühle drehen sich im Nu

ein Gedanke nur an ihn

alles andere zerfällt im Augenblick

neues entsteht

denkt sie sich

dabei ist vieles

immer noch wie früher

und bei dir

ach du bei mir

auch nicht immer alles rosa

Hoffnungsgrün

erstrahlt in manchen Zeiten

malt die Sonne gelb

Gesichter voller Freude

Was tust du gegen deine Launen

fragst du dich woher sie kommen

schreibst du dir manchmal einen Brief

warum

machst du der Angst die Tür auf

kannst du dich selber halten

an solchen Tagen

hast du schon einmal um Hilfe gebeten

betest du für deine Wünsche

bittest du um Kraft

glaubst du an dich

an Gott

Vertraust du dir

Bitte geh noch nicht

bleib bitte noch

hab noch so viele Fragen

die Antworten fehlen noch

ich glaube

sie könntest du mir geben

fühlst du es denn auch so

Die Sonne

sie scheint so hell

die Wolken

schnee-weiß gehäuft am Himmel

in der Ferne

spielte einst ein Lied

es ist verstummt

ich sehe hinauf zum Himmelszelt

werde belohnt

mit einem Sternenkuss am Abend

wenn die Sonne liebesrot

in die Fluten sinkt

am Morgen jedoch erwacht sie wieder

und ein neues Lied erklingt in mir

Schau

wir sind

wie wir sind

es passt nicht zusammen

einer von uns beiden

müsste sich verlieren

doch keiner möchte

lass uns Freunde sein

das wäre das Beste

für uns zwei

denn ganz ohne

geht es wohl auch nicht

Warum schafft sein Gefühl

es immer wieder

ihre Traurigkeit aufleben zu lassen

warum lässt sich ihr Gefühl

immer wieder darauf ein

sie liest sein Buch

mehrmals

immer mal wieder

fühlt ihn neben sich

eine Seite weiter

liest sie von einer anderen Frau

und weint

Sie lässt ihre Gefühle nicht mehr raus
sperrt sie ein
sie wird ihn vergessen mit der Zeit
nichts als Erinnerung bleibt
doch auch sie wird verblassen
sie möchte lieben
nicht hassen

Lese ein Buch

handelt von Gefühlen und so

Fragen häufen sich

hat es mit mir zu tun

nein

ich bin anders

ich dachte selbst über mich nach

bis ich mich fand

Mein Kopf spricht

mein Herz erzählt

meine Seele lässt fühlen

und ich glaube

das hat der Kopf mir schon gesagt

ich weiß es vom Herzen

es sprach schon mit mir

ach meine liebe Seele

was du sprichst

kenne ich

was neues bitte

etwas schönes

Wo ist die Liebe

mit ihrer Pracht

mit den Schmetterlingen

auch im Winter

mit dem Gefühl

ich kann alles schaffen

wo ist dieser Mensch

der meine Seele kennt

mich liebt

mehr als sich selbst

Freiheit

ein großes Wort

doch was heißt es schon

die Gedanken sind immer frei

Gefühle ändern sich

doch bist du wirklich eingesperrt

in dich selbst

nützt es dir

vielleicht

du kannst die Zeit besser überstehen

bis zum ersten Ausflug

dann wirst du erkennen

du kehrst nie wieder zurück

Mein Ambiente

ist nicht filigran

meines ist da

doch nicht jedermann Geschmack

was mich

so gar nicht stört

Was für eine schöne Nachricht von dir

durfte ich lesen

ich liebe dich mein Schatz

eine nette Geste

müsste man(n) mal wieder machen

Auf dem Boden bleiben
auch beim Fliegen
was kann dann noch passieren

Jeder

braucht doch einen anderen Menschen

oder nicht

ich glaube schon

und du

Gefühle drehen sich manchmal

was heute noch nicht erreicht erscheint

ist morgen wunderschön

was heute noch nicht erlebbar

ist morgen

vielleicht trotzdem schon vorbei

Ein Gesicht das spricht

ob jung

ob alt

erzählt vom Willen

der alles bricht

nur nicht seinen Mut

In der Tiefe einer Seele
findet man so viel
Gefühl

Die Zeit läuft

unaufhörlich voran

es gibt kein zurück

scheint es manchmal aus so

Das Heute

war im Gestern

noch Zukunft

so schnell geht das

Träume

manchmal

fallen sie vom Himmel

einfach so

und man kennt sich selbst nicht mehr

diese Geradlinigkeit

das genau wissen

was gut ist

alles wird in Frage gestellt

und plötzlich

ist da nur noch Gefühl

Manchmal

ein Blick zurück

eine Träne rinnt über das Gesicht

doch mein Weg

er führte mich weg

ich ging lang und weit

Füße schmerzten

auch mein Herz

meine Seele jedoch wusste Bescheid

alles nur für einen Menschen

für mich

Geh vorwärts

nicht oft zurück

fühle in dich

mach dein Glück

schreib auf was du gefunden

lies noch einmal nach

behalte es in Erinnerung

doch lass dich nicht belügen

nicht von ihnen

nicht von mir

und vor allem

belüge dich nie selbst

Ich glaube dir nicht
nicht ein Wort
zu viel ist geschehen
zu viel ist kaputt
wirst du es verstehen
fände ich es gut

Kaspergedanken

Kaspergefühle

ich wollte nie einen Kasper zum Mann

jedoch einen der Humor hat

den habe ich

Gott sei Dank

Ich glaube

du scherztest zu viel

ich glaube

du warst zu sehr von oben herab

ich glaube

du hast zu viel verletzt

so empfand ich es

Ich sah dich unlängst in deinem Film

einen den du abgedreht hattest

du erzähltest

es spielte Musik

ich hörte Gesang

und ich las

es gefiel mir nicht

viel zu viel von allem

deine Art in diesem Film

fand ich die meiste Zeit ok

an manchen Stellen

brach dein Wille durch

ich war so vertieft in das was ich sah

und wollte nur noch weg

ich glaubte nur an einer Stelle

warst du

du

und ich verliebte mich in diesen Mann

der da so stand und in die Weite sah

und ich glaubte zu verstehen

du würdest dich gern immer so fühlen

Sternenflug

Herzlich Willkommen liebe Leser,

Sie schauen aus dem Fenster in die Nacht und sehen einen Stern vom Himmel fallen.

So geschah es mir vor einigen Jahren.

Ich sah aus meinem Fenster in die dunkle Nacht und konnte keinen Blick mehr von ihm lassen. Wie gebannt sah ich ihm zu, wie er seine Bahn zog.

Einige Jahre später, bekam dieser Stern einen Namen, ein Gesicht, ein Gefühl.

Einige meiner Gedanken und Gefühle bahnen sich ihren Weg durch Raum und Zeit.

Und ein paar davon, haben auch ein zu Hause in diesem Buch gefunden.

Kommen also nicht irgendwo an, sondern da, wo Seelen offen für sie sind.

Herzlichst

Marion Jana Goeritz

304

Herzen der Liebe

sie schweben

einander zu

lassen den anderen

nicht so sein

wie er ist

Spiegelbild

Sternenweit

fliegt Zuversicht

durch Raum und Zeit

nimmt alles mit

was golden ist

es glänzt die Zuversicht

durch Raum und Zeit

bis zwei sich finden

Mond

schwebt auf und ab

Erde lässt ihn gewähren

ein Stück ihrer selbst

ist ihr ganz nah

Angst

nein

Liebe

Wach

fliegen du und ich

durch unsere Welt

keine Lügen mehr im Gepäck

Wahrheit pur

wir sehen uns

wie wir sind

und wir haben sie gefunden

die Liebe

Sonnenkraft

in den Seelen

sie schaffen so vieles

alles

Fliegen hoch oben
sehen die Welt
so wie sie ist
was da passiert
sind wir ehrlich
wird es die Welt
auch irgendwann sein

Vieles darf geschehen

lassen wir es zu

es tut gut

tief in der Seele

es gibt Jemanden

was es auch bei mir war

es schmerzte

Meteoriten fallen vom Himmel

lassen die Nacht hell leuchten

Neuzeit erwacht

und unsere Liebe wird erblühen

Nachts leuchten Sterne in Zeichen

erzählen

unsere Geschichten

Sprungbrett Liebe

Vorm Sprung

innehalten

fühlen

jemand ist da

alles gut

Gewitterregen
lässt die Klarheit fühlen
die sich einstellen wird
wir atmen frei

Nachtluft

schenkt klare Gedanken

die Laute der Schritte auf dem Pflaster

lassen fühlen um was es geht

Liebe

Im Streit

die Gleichheit finden

ist eine Kunst

die niemand kann

jedoch

du und ich

Liebe

Regentropfen

fallen einsam

gemeinsam

damit Glück wachsen kann

in uns

in unseren Seelen

Liebe

Nichts bleibt

wie es ist

wenn es nicht richtig war

nicht ich

nicht du

Liebe

Meine Augen suchen dein Gefühl

Augenblick ganz still

ich fühle sternenklar meine Gedanken

fühle dich

dein Gefühl noch ohne Versprechen

Sternenstaub wird aufgewirbelt

legt sich über unsere Angst

lässt sie vergehen

bis der Mut im Grün erwacht

Wasser spiegelt Himmel

Sterne baden ihr Licht bis zum Morgen
sichtbar im bewegten Blau

für mich

Garten der Sinne

noch

nur Seelenstimme

Wünsche reisen sternenweit

fliegen zur Sonne

nur nicht zu nah

wärmen sich auf

auf ihrer langen Reise

bis du sie erkennst

und sie liebst

auf ihre Weise

Hände finden sich

mitten in einer Zeit

halten sich

manchmal lassen sie los

für eine liebevolle Umarmung

Du fühlst mich

meine Gefühle

doch bist du nicht bei mir

warum

Er möchte sie lieben

für immer und hier

er möchte ihr sagen

du fehlst mir so sehr

er möchte

sie weiß

wie es ihm geht

er weiß

er muss nun vorwärtsgehen

Sie fühlt ihn
manchmal neben sich
auch nachts im Bett
er schläft mit ihr
und sie weint
so allein

Ich schreibe nicht

so dachte ich

denn ich wollte nicht

das du es weißt

wie ich für dich fühle

ich glaubte

du müsstest zuerst schreiben

ich glaubte

es wäre richtig so

doch dann kam es anders

ich schrieb dir

heute

geht es wieder

doch es schmerzte mich

das du nicht den Mut fandest

mir von deinen Gefühlen zu schreiben

wie sie auch immer gewesen wären

Worin liegt der Sinn

schöne Gefühle zu fühlen

doch sie nicht zu leben

Gedanken kreisen

wären sie zu wenig

ein Traum zu viel

oder

fühlt nur einer von beiden

so unvergleichlich tief

rekelt sich nur einer von beiden

im göttlichen Meer der Glückseligkeit

einer von beiden nur

fühlt diese unwahrscheinlich große Liebe
tief im Herzen

und die Seele glänzt in dunkler Nacht
vor sehnsuchtsvoller Hingabe

und der andere

worin liegt der Sinn

schöne Gefühle zu fühlen

doch sie nicht

mit dem Anderen leben zu können

27

Herzlich Willkommen liebe Leser,

Gedanken und Gefühle zu Gedichten verwoben.

Intuitiv gab ich diesem Buch den Titel „27"

Vertrauensvoll sende ich diese geschriebenen Worte in die Welt und fühle in diesem Moment, es wird etwas in mir, in Veränderung gehen.

Herzlichst

Marion Jana Goeritz

27

Lass ich nun all meine Worte schweigen

füllen sie doch mein Herz

mit einem Gefühl

Farbenfrohe Gedanken

malten Gefühle aus

mutig hell

vielleicht träumerisch

doch ehrlich

Was einst ohne Gefühl

im Fallen war

begegnet mir mit Herz

verblasste Farben leben auf

und rufen nach Leben

und Lebendigkeit

in mir

Ist das Sterben auch schwer

meine Seele war dabei

keine Berührung

nur Gefühl

Worte im Raum

kamen durch die Zeit

zu mir und haben mich fühlen lassen

was ich fühlte

er lügt

Blumenmeer bunt

nur für mich

nach einer Zeit des Weinens

Blütenblätter fallen im Wind

sacht berühren sie meine Haut

Herzensgute Gedanken

malen Gefühle schön

und ich fühle

den Spross der Hoffnung erblühen

und sehe meinen Weg vor mir

auf einmal gerade und bunt gesäumt

Meine Erwartung im Außen

lies mich schwarz malen

nur mit meinem Seelenlicht

fand ich zurück

zu mir

und malte bunt

Manche Wege

verwirrend

auch am Ende

ich weiß es nicht

ich war umgekehrt

Die Hände deines Herzens

sie berühren mich

die Augen deines Herzens

sie erblicken mich

der Mund deines Herzens

er küsst mich

das Herz deines Herzens

es schlägt für mich

die Seele deines Herzens

sie liebt mich

Verblasste Wut

eingerahmt

um nicht zu vergessen

doch die Zeit

lies das Herz doch vergeben

und die Seele

sie malt selbst ihr Bild

friedvoll und still

In mir eine Träne aus alter Zeit

immer noch nicht

wollte sie auf ihre Reise gehen

wartet noch

auf den Tag der wohl kommen wird

so hoffe ich aus ganzem Herzen

sie wird beim Lachen herausfallen

Gespräche die ich führe
erzählen meiner Seele viel
Worte fallen ins Netz
und lassen mich fühlen
das bist du

Was will gesehen sein
durch mich
was will erkannt werden
durch mich
was soll geändert werden
durch mich
ich werde es fühlen

Das Dunkel

kann nur da sein

wo auch das Licht ist

sonst hätte ich es nicht sehen

Die Rauchzeichen

meiner Gedanken

sie lassen erahnen

Liebe

Wenn Rosen blühen

Tulpen farbenfroh stehen

Magnolien in den Himmel wachsen

hat mein Herz entschieden

was meine Seele will

Dein Lied
du spielst es für uns
deine Liebe
im Dunkel fand sie mich
führte mich an ihrer Hand
hin zum Licht

Einen Engel wünsche ich dir

der dich führt

durch den Moment der Verwirrung

durch den Augenblick des Zweifelns

auf dem kleinen Gang ohne Licht

und dich das Vertrauen

wieder finden lässt

in dein ehrliches Gefühl

Wenn ich bei dir ein Stein im Brett habe
dann fällt mir ein Stein vom Herzen

Lichter tanzen mit dem Wind

weit hinauf zum Himmel

gute Wünsche reisen mit

am Sternenzelt

ein Hoffnungsschimmer

Mein Herz

kann nicht schweigen

meine Seele

möchte nicht weinen

Manchmal

trügt der Schein

dann doch

ganz genau hinzuschauen

braucht Mut

und manchmal eine Brille

Die Nacht

sie erzählt Geschichten

still

leise

romantisch

wenn das Kerzenlicht

durch deinen Atem hell flackert

mein Herz durch deine Berührung

sich einbettet in die Liebe

die du schenkst

dein Lächeln

deine Seele berührt

und auch du fühlst

die Liebe in diesem Augenblick

erzählt die Nacht

unsere Geschichte

Worte schweigen laut

auf dem Papier mit Wappen

Tränen tropfen laut

auf das Wasserzeichen

der Füller nicht befüllt

das Telefon schellt

Freude

Herzgefühl

auf dem Weg zum Glück

So mancher Gewitterregen

zog durch meine Seele

spülte alte Wunden ins Nichts

Wenn ich sage „er"
dann meine ich dich
wenn ich fühle „du"
dann fühle ich dich
wenn ich denke „nein"
dann fühle ich ihn

Ich traute mich

in deine Herzenstiefe

sah Schmerz

fühlte Angst

doch lies mich nicht erschrecken

es kam mir bekannt vor

öffnete meine Arme

mein Herz weit

weinte bitterlich

bis die letzte Träne

in der Tiefe deines Herzens

im Liebesmeer ertrank

dein Herz es fühlte wieder

Manche Wünsche fallen

in den Fluss der Wiederkehr

nachts leuchten sie Gefühle

bei Licht lassen sie erkennen

ihre Zeit ist jetzt noch nicht gekommen

Augenblick bitte

jetzt

Du schaust liebevoll

in das Grün meiner Augen

meine Stille

im Herzen verstummt

Manchmal

frage ich mich

was ich für dich bin

wenn dein Gefühl

das mich gefunden hat

am Morgen begrüßt

und wenn das Licht am Abend

schlafen geht

mich in meinen Traum begleitet

Früher

war ich anders

jünger

doch nur an Jahren

heute

bin ich anders

reifer

nicht nur an Jahren

jetzt

bin ich noch nicht angekommen

nicht das ich auf der Suche wäre

aber

du fehlst noch

Straßenlaternen

säumten den Weg zum Fluss

langsam

betrat ich das Pflaster der Straße

die Angst von gestern

sie war gestorben

mutig ging ich meinen Weg

doch fragte ich mich

hatte ich wirklich verstanden

als ich nach der Antwort suchte

begegnetest du mir

langsam

gingst du auf dem Pflaster der Stadt

durch die Nacht

die Straße zum Fluss

unter den Laternen

fühlten wir unseren Schmerz

doch lächelten in den herannahenden
Tag

hielten uns in dieser Zeit

doch haben uns nicht halten können

da waren noch die Anderen

Vermissen

ist ein Gefühl

das ich nicht mehr füttern möchte

mit Sehnsucht

Ein Wort

bricht durch das Schweigen

eine Stimme

erzählt nun leise

von Gefühlen

Augenleuchten

Tränen aus

Meinst du

ich lüge dich an

wenn du fühlst

ich liebe dich

fragst du dich

warum

lügst du mich an

wenn ich fühle

du liebst mich

frage ich mich

warum

Schmerz

der Vergangenheit

er wohnt noch in dir

Ohne dich

durch den lachenden Tag

die einsame Nacht

die Jahreszeiten

nie wieder

ich will dass du mich liebst

wie mein Herz es mir flüstert

ich es in meiner Seele lese

und mir wünsche

Schreib mir deine Wünsche

nicht nur in meine Seele

schreib sie auf weiße Blätter

sende sie mir zu

hoffe auf Liebe

lache in den Tag

der dir die Antwort bringt

Dein Tag

sind Musik und ich

Leichtigkeit

in unseren Seelen

mein Tag

sind Heilung und du

Liebe

in unseren Seelen

unser Tag

sind Liebe und wir

Glück

in unseren Seelen

Ich dachte

du wärst wie ich

im Fühlen und in deinen Gedanken

ich wäre dir auch wichtig

der Gefühle wegen

doch es ist wohl ein altes trauriges Lied

das mit der Liebe

nun beginn ich mit dem Entlieben

ENDE

Vielleicht fragst du dich

warum spricht sie nicht

mit meiner Seele

ich weiß

das du Worte für mich haben wirst

einen Mund der spricht

eine Hand

die einen Füller halten wird

und ein weißes Blatt Papier

auf dem du mir erzählen wirst

von deinen Gefühlen zu mir

und

das du siebzig Cent investieren wirst

für dich

Der Regen

er spült die Traurigkeit ins Nichts

lässt erblühen

die Farbe der Hoffnung

füllt sie auf

mit bunten Gedanken

ich singe wieder

Am Klavier

erzählst du mir von dir

fremder Mann

so fremd du mir bist

deine Seele

mir so nah

ich kenne dich nicht

das ist mir nun klar

Lass mich los

im Fühlen

lass mich gehen

im Moment des Glücks

der Schmerz

währt nur einen Augenblick

Morgen erwacht

im neuen Glanz

Erinnerung erlischt irgendwann

wir werden uns finden

soll es sein

wir werden uns lieben

soll es sein

Seelenglück allein reicht nicht

um glücklich zu sein

wir müssen es sein

mit Seele um glücklich zu sein

Entdecke Seelenland

staune wie ein Kind

in mir blühende Landschaften

wie in einem schönen fremden Land

hier möchte ich verweilen

an dem Fluss der Liebe

am Ort der Erkenntnis

nichts ist unmöglich

wenn Seele es möchte

Kraft innen

formt das Außen

mit leidenschaftlichen Berührungen

Wie oft hatte ich

„Alles Gute für dich" geschrieben

wie oft

hatte ich meine Gefühle versteckt

wie oft hattest du

„Alles Gute für dich" geschrieben

es machte mir Angst

es schmerzte tief in meiner Seele

ich erkannte

es tut mir leid

Scheinbar möchtest du nicht

ich weine

Wien im Regen

du ohne Schirm

und scheinbar unberührt

Der Wind erzählt leise

von einer weiten Reise

Gefühle

durch das Labyrinth der Veränderung

fanden sich ein zu Haus

Unterhalte ich mich mit Menschen

Worte erreichen meine Seele als Zeichen

weiß noch jedes Wort

so bin ich gewachsen

durch die Stimmen der anderen

Blütenblätter

säumen den Weg ins Leben

sie haben ein uns

ein Gefühl für zwei

Bewegungen

tief im Herzen

manchmal schmerzhaft

Wut

entspringt aus alter dunkler Quelle

mein Herz du wirst gesund nun sein

Von Marion Jana Goeritz ebenfalls beim Verlag BoD erschienen (BoD Books on Demand, Norderstedt, nähere Informationen finden Sie unter www.BoD.de)

„Liebe für die Seele Band 1"
ISBN 978-3-7357-4045-8

„Liebe für die Seele Band 2"
ISBN 978-3-7357-7734-8

„Seelenweiß"
ISBN 978-3-7347-5769-3

„Seelen essen Liebe gern"
ISBN 978-3-7347-8706-5

„SeelenEngel" ein spiritueller Erfahrungsbericht
ISBN 978-3-7386-2588-2

„SeelenSchlüssel"
ISBH 978-3-7386-3844-8

„Seelenfarben"
ISBN 978-3-7386-3947-6

„Seelenschimmer"
ISBN 978-3-7386-4014-4

„Seelenfinden"
ISBN 978-3-7386-4037-3

„Ein Gefühl meiner Seele"
ISBN 978-3-7386-1506-7

„Seelenfrieden" Danken, Bitten, Entspannung
ein persönlicher Erfahrungsbericht
ISBN: 978-3-7386-4884-3

„Seelenweihnacht"
ISBN: 978-3-7386-5616-9

„Im Land unter dem Regenbogen" Wunderbare
Märchen und unglaubliche Geschichten
ISBN: 978-3-7392-0115-3

„Freddy und seine Geschichten"
ISBN: 978-3-7386-3321-4

„SeelenWorte"
ISBN: 978-3-7392-0455-0

„Herzanker"
ISBN: 978-3-7392-3482-3

„Im Fluss der Liebe"
ISBN: 978-3-7392-3489-2

„Seelenklänge"
ISBN: 978-3-7392-3532-5

„Liebeslied"
ISBN: 978-3-7392-3548-6

„Wahre Traumtänzerin"
ISBN: 978-3-7392-3556-1

„Emilia Sommerfeld"

ISBN: 978-3-7392-3787-9

Weitere Informationen zu Neuerscheinungen
finden Sie immer auf meiner Seite

www.buchkaleidoskop.Reikipraxis-Goeritz.de